LA VIE EST UN COMBAT

LA VIE EST UN COMBAT

Ludivine Leparq

Mentions légales

Édition : BoD · Books on Demand, 31 avenue Saint-Rémy, 57600 Forbach, bod@bod.fr
Impression : Libri Plureos GmbH, Friedensallee 273, 22763 Hamburg (Allemagne)

ISBN : 978-2-8106-2950-3
Dépôt légal : Février 2025

« Il n'est jamais trop tard pour devenir ce que nous aurions pu être »

Chacun de nous a traversé des moments difficiles dans sa vie.

Il peut arriver qu'on se demande si on va réussir à sortir de cette impasse.

On a l'impression de se retrouver dans un gouffre sans fin.

La vie se dresse contre nous.

Même certaines personnes ont envie de quitter ce monde.

Je suis passée par ces étapes-là.

Je n'ai pas été gâté par la vie.

Vous allez voir que j'aurais pu renoncer...

À l'heure actuelle, je peux affirmer que je vois enfin le bout du tunnel..

Moi

Je me présente, je m'appelle Loa. À l'aube de mes 40 ans, j'ai voulu écrire ce livre pour vous montrer que n'importe qui peut souffrir dans sa vie et *qu'on peut tous réussir à remonter la pente*.

J'avais besoin d'écrire ce livre pour me libérer d'un poids.

Car ma vie a toujours été très compliqué.

Je suis tombé très bas. Je me suis demandé plusieurs fois pourquoi moi et pas les autres... Qu'est-ce que j'ai fait pour mériter ça?

Mais vous verrez à la fin de ce livre, même si j'ai subi énormément de choses dans ma vie, je n'ai pas abandonné à devenir la meilleure version de moi -même.

Car on m'a toujours dit : "On donne les pires épreuves au meilleur soldat."

Et j'ai une seule chose à dire : si je le fais, c'est que vous le pouvez aussi.

Je pardonne pour une vie meilleure

1

Mon Enfance

Je vais commencer par vous raconter mon enfance. Elle n'a pas été dramatique, mais elle m'a laissé des séquelles.

Je suis fille unique. J'ai toujours été toute seule.

Mes parents se sont séparés alors que je n'avais que 2 ou 3 ans, parce que mon père avait fait des bêtises..

C'était compliqué pour ma mère car elle travaillait de nuit, donc je vivais souvent avec ma grand-mère.

Je ne blâme pas ma mère pour cela.

Maman a fait de son mieux.

Après quelques années, mon père est de retour parmi nous. J'ai eu du mal à l'appeler papa. Je l'appelle toujours par son prénom.

J'ai eu du mal à accepter son retour, car je pense que mes parents se sont remis ensemble à cause de moi.

Apparemment, je ne mangeais plus.

Ma mère est toujours en colère contre lui. Ils se disputent souvent.

À mon avis, ce comportement ne m'a pas été bénéfique dans mes relations avec les hommes.

Comment peut-on tomber amoureuse d'un homme quand on entend sa mère critiquer son père à longueur de journée? Pour moi, c'est une attitude normale, mais ce n'est pas le cas.

À midi, je me rendais chez ma grand-mère pour déjeuner.

En raison du handicap de ma grand-mère, je ne pouvais pas mener la même existence que les autres enfants de mon âge.

Je sortais rarement, je restais souvent avec ma famille.

Après le décès de mon grand-père, nous avons choisi de vivre chez ma grand-mère.

Ma mère était contrariée de vivre avec sa mère. Je ne comprends pas pourquoi elle a subi cela.

Alors qu'elle aurait pu opter pour une aide-soignante.

Mais au moins grâce à ma grand-mère, j'ai pris goût à la lecture. Je passais mon temps libre à lire.

Je m'étais dit : "Un jour, j'écrirai aussi des livres."

Je passais la plupart de mon temps avec ma grand-mère.

Nous nous promenions à pied et nous jouions aux mots croisés.

Je sais que ce n'est pas un passe-temps pour les enfants.

Après, je ne vais pas me plaindre. J'ai été élevé dans une bonne famille.

Nous avions l'habitude de partir en vacances et de faire de nombreuses randonnées.

Mes parents m'ont initié à la marche.

Nous avons fait de nombreux voyages en France.

Ensuite, j'ai eu la chance que mes parents m'achètent un cheval, Miss Vegas.

J'ai eu une bonne enfance. Je ne vais pas me plaindre car il y a malheureusement pire dans la vie.

Mais il me manquait juste l'amour, les câlins, les je t'aime qui viennent du cœur, la communication.

Dans ma famille, on ne parle pas, on doit se taire même quand tout va mal.

C'est ce qui m'a anéanti dans ma vie d'adulte, car je n'ai jamais réussi à expliquer mes sentiments.

J'ai enfoui mes émotions.

Je ne pleurais pas souvent, mais je riais constamment.

À mon avis, c'était pour dissimuler ce que j'avais en moi. Faire bonne figure.

Je parlais rarement étant petite. J'étais tout le temps dans ma chambre.

Je m'accepte

2

Mes troubles alimentaires

En plus, d'avoir une relation compliqué avec mes parents.

A 16 ans, je suis devenu **anorexique.**

Pourquoi ? Je voulais ressembler à mes amies. Sauf que moi, je ne me suis pas arrêté.

Je ne m'aimais déjà pas trop, et je me trouvais trop grosse à mon goût.

C'est ainsi que je me suis retrouvé dans cet engrenage, dans cette maladie dont on a vraiment du mal à s'en sortir.

J'évitais de manger avec mes parents, je leur disais que je n'avais faim.

Je portais des vêtements amples pour ne pas montrer que mon corps maigrissait.

Je n'ai pas eu de règles pendant cinq ans.

Les personnes souffrant d'anorexie ont une vision déformée de leur corps. J'avais beau avoir 45 kilos pour 1.72 m, je me trouvais toujours grosse.

Je me pesais tous les jours.

D'après certaines études, les anorexiques ont des traits de tempérament caractéristiques qui semblent favoriser la survenue de l'anorexie mentale.

C'est le cas du perfectionnisme, d'une faible estime de soi, des manifestations anxieuses ou dépressives précoces, ces personnes ont une faible capacité à comprendre l'état d'esprit des autres et ont des relations sociales relativement pauvres.

Par ailleurs, environ 40 % des personnes anorexiques souffrent de troubles psychiatriques : anxiété, phobies, trouble obsessionnel, compulsif, addictions (alcool, abus de substances) ou troubles de la personnalité.

Ils peuvent apparaître avec l'anorexie ou être exacerbés par celle-ci.

En effet, c'est une **maladie grave** qui peut entraîner la mort. Il faut donc aider votre enfant à sortir de ce cauchemar.

Vous avez la possibilité de l'accompagner à une séance de thérapie familiale. Elle implique à la fois les parents et la fratrie (thérapie multifamiliale).

Vous pouvez lui suggérer de tenir un journal de bord de ce qu'elle a consommé.

Le plus important est de procéder lentement et sans précipitation.

C'est une maladie terrible, on peut le dire. Il est vraiment difficile de s'arrêter une fois que vous avez commencé.

Mon 1er déclic a eu lieu le jour de mes 18 ans, quand ma mère m'a organisé une soirée au restaurant, et elle savait que je ne mangerais rien sauf qu'il le fallait car toute ma famille était là.

J'ai mangé 2 bouchées et quand j'ai vu ma mère pleurer, je me suis dit : "Arrête".

Néanmoins, même après cet épisode, j'ai persisté jusqu'à ce que je ne puisse plus marcher.

Mon père m'a emmené à l'hôpital.

Alors, j'ai commencé à manger lentement, petit à petit.

J'ai vraiment eu du mal à m'en sortir, et je ne peux pas affirmer que c'est fini, car même à 37 ans, je me pèse quotidiennement.

L'anorexie a souvent été liée à des difficultés dans la relation mère-fille. Je dois admettre que nous n'étions pas toujours d'accord.

Ma mère a une personnalité très singulière.

Peu importe ce que les autres pensent de moi car je sais qui je suis

3

Le comportement avec ma mère

Elle a une tendance à être très critique et à maximiser les défauts en mettant constamment l'accent sur ce qui est mal fait.

J'ai toujours souhaité son bien-être mental en lui offrant de beaux cadeaux et de beaux voyages, mais elle n'était jamais contente.

Elle a toujours eu des réflexions déplaisantes sur moi, très critiques, à chaque fois en compétition avec moi.

Par exemple « Je m'achetais une voiture, il fallait qu'elle s'achète une meilleure voiture »

Lorsque vous êtes un enfant, ne pas se sentir validé où ne pas se sentir suffisamment bien pour sa mère peut laisser une marque indélébile sur l'enfant, comme un sentiment de culpabilité ou un besoin d'approbation des autres.

Comme ma mère a surmonté des situations peu agréables avec mon père.

À mon avis, elle n'a jamais réussi à trouver le bonheur dans sa vie.

Elle a peut-être arrêté de croire au bonheur et elle est devenue aigrie.

Je ne lui en veux pas du tout.

Moi aussi, à un moment de ma vie, j'ai été dépassé par les événements et tout était devenu morose pour moi .

Car devenir mère, c'est très dur, car il faut concilier le travail, les enfants et la vie personnelle.

On ne peut pas être parfaite en tant que maman, on essaie de faire de mon mieux.

Mais je ne veux pas commettre les mêmes erreurs avec mes enfants.

C'est la raison pour laquelle je dois me concentrer énormément sur moi-même.

Je dois faire un travail sur moi et dès que j'ai de mauvaises réflexions de sa part, cela ne doit pas m'affecter.

J'aime le bonheur
et le bonheur
m'aime

4

Mes études

Le collège a été difficile car je n'étais pas une jolie fille, ce qui m'a valu beaucoup de moqueries.

C'était la période la plus pénible de ma vie.

Je ne me sentais pas belle, trop grande par rapport aux autres.

Mes cheveux étaient horribles, impossibles à maîtriser, mon nez était énorme, rien n'allait.

Et je n'étais pas très talentueuse dans mes études non plus.

A ma 2e 4eme, je rencontre un très bon ami avec qui on s'était donné comme défi d'être les meilleurs de la classe.

Et c'est à partir de là que j'ai voulu toujours avoir de bonnes notes, et j'ai continué jusqu'à la fin de mes études.

Et enfin, l'année de mon BTS est arrivée.

J'ai vraiment apprécié ces trois années.

J'ai fait la rencontre d'une bande de copines.

Je me rendais en boîte et je passais des soirées entre filles.

On ne ratait jamais une occasion de fêter quelque chose.

Je commençais à porter des bijoux, à me maquiller et à me faire belle.

Je me sentais en pleine forme, heureuse.

Je sortais pour faire du shopping avec eux.

Je gardais toujours le sourire.

Je vivais enfin. J'ai vraiment adoré mes trois années dans cette école. Pour rien au monde, j'effacerai cette période.

Après cela, j'ai décidé de changer de région à la fin de mes études.

C'est à ce moment-là que j'ai commencé à m'éloigner d'elle.

Pourquoi ? Car je pense que j'étais jalouse d'elle car elles s'étaient trouvées un amoureux, et moi j'étais encore toute seule.

Mais malheureusement, ces copines que j'aimais, je les ai laissées tomber et c'est la pire chose que je n'ai jamais faite.

J'ignore pourquoi j'ai fait ça. Je m'éloigne toujours des gens qui me font du bien.

Mon manque de considération, est tel que je préfère rester loin des gens que j'aime pour ne pas être blessé.

Il me semble que je n'ai pas le droit d'être heureuse.

Je souhaite revenir en arrière.

Je les aimais, ces filles. Je pouvais passer des journées entières avec elles. Je me sentais bien, j'étais sincère avec elle.

Je pense souvent à elles, même si cela est arrivé il y a maintenant plus de 10 ans.

Parfois, je regarde leur profil sur les réseaux sociaux et j'ai vu qu'elles étaient devenues mamans.

C'est dur car je sais qu'elles auraient été là, dans les moments difficiles que j'aurais vécus plus tard.

Mais non, j'ai fait ma tête de mule et je les ai bloqués partout.

Un jour, je leur ai envoyé un message pour me pardonner mais elles n'ont pas accepté.

Ce que je perçois.

Mais ma vie aurait été tellement différente si elles m'avaient pardonné.

Si vous êtes en train de lire ce livre, je tiens à m'excuser pour vous avoir abandonné.

Je n'ai pas besoin
de quelqu'un
d'autre pour être
heureux

5

Le début de ma vie d'adulte

Après mes études, je décide donc de quitter ma ville et de me rapprocher de la région parisienne afin de trouver un travail un peu plus rémunéré.

Est-ce une excellente idée?

J'ai imaginé que ce serait trop amusant, mais au bout du compte, je pense que j'aurais dû rester et vivre loin de cette région tumultueuse (métro, boulot, dodo).

Mais grâce à cette vie, j'ai quand même vécu de bons moments.

1er appartement

J'ai eu mon premier appartement à louer. C'était bien, j'étais toute seule et autonome.

C'était étrange de devoir payer mes premières factures. J'avais mûri.

Si vous vous souvenez de votre premier appartement, vous devez comprendre. Heureuse d'être une grande, pour assumer toute seule, mais un peu effrayant.

J'en étais fier de mon premier appartement.

Ensuite, il n'était pas parfait. Il y avait de l'humidité partout, mes voisins se hurlaient dessus assez souvent.

Pourtant, c'était mon premier logement.

J'y suis resté deux ans, car j'ai fini par sortir avec quelqu'un.

2ᵉ appartement

À 23 ans, j'étais la plus heureuse, mais la plus novice, et je n'ai jamais osé lui dire que c'était mon premier.

J'ai eu honte, c'est tout. Je ne voulais pas le perdre.

J'ai voulu lui montrer le visage d'une autre femme. Je m'inventais une vie pour qu'il soit fier de moi.

C'était le début de mes mensonges, car j'avais honte et j'avais envie qu'on s'intéresse à moi.

Ne vous avisez pas de le faire.

Il est important d'être honnête avec soi-même.

Soyez fière de vous et ne vous sentez pas honteux de votre vie.

J'ai toujours eu cette attitude avec mes ex, faire semblant.

Accepter tout ce qu'ils font, même si ça me contrarie parce que j'ai peur d'être seule.

Mentir pour attirer son attention.

J'avais peur car j'avais déjà eu du mal à trouver quelqu'un. Je ne voulais absolument pas me retrouver seul.

Faire passer ses besoins avant les miens.

Depuis mon enfance, je mens pour que les gens prennent soin de moi.

Pourquoi ?

Je pensais que ma vie était ennuyeuse et que je n'allais intéresser personne.

Que je n'ai pas d'éducation, que je ne sers à rien.

Je suis effrayé par le fait qu'on me laisse tomber.

Oui, j'avais honte de moi, de ne pas avoir fait la fête quand j'étais jeune, de ne pas boire, de ne pas fumer, d'être une campagnarde, d'avoir une vie trop simple.

Je ne sais pas si d'autres personnes sont comme moi, mais si c'est le cas, je compatis avec vous, car il est vraiment difficile de s'en sortir.

J'ai vécu avec lui pendant 5 ans. Nous avions une belle vie, tout allait bien.

Mais niveau professionnel, j'étais sous pression avec mon supérieur hiérarchique.

Je n'y arrivais plus. Dès que mon patron me parlait, je commençais à pleurer.

Après 7 ans, j'ai décidé de démissionner.

J'étais bien, mais lui a aussi voulu faire comme moi : démissionner.

Le résultat est que tout s'est effondré dans mon couple.

On a dû rompre, et je suis retourné chez mes parents afin de me remettre sur pied.

1ER Renouveau, vous verrez que j'ai souvent, recommencer à zéro

Je peux et je vais réaliser tout ce que je décide de faire

6

Mes mensonges

Comme je vous l'ai dit présentement, dans mes relations amoureuses, j'avais tendance à mentir.

Je ne peux pas affirmer que je suis mythomane, car je ne fais pas que mentir en permanence... mais j'ai tendance à mentir pour des petits détails.

Je suis conscient que je mens, car contrairement au mythomane, il ne réalise pas qu'il ment, incapable de distinguer son imagination de la réalité.

Je suis conscient que j'ai un souci car je ne mens pas de manière intentionnelle et ne cherche pas à tromper quelqu'un, mais je veux simplement qu'on s'intéresse à moi.

Il m'est impossible de dire quand j'ai commencé à mentir.

Mais j'ai compris que quand on commence, on est coincé dans un engrenage… on ne sait plus ce qu'on a dit, on oublie..

Je veux arrêter pour avoir de bonnes relations, pour regagner la confiance des autres.

Je sais que je vais avoir beaucoup de mal.

Mais je dois donner l'exemple à mes enfants, parce que cela a détruit ma vie et je ne veux pas qu'il en fasse autant pour eux.

Je veux être honnête, même si ce n'est pas toujours facile.

Je veux dire la vérité aux autres bien que parfois j'aie peur des réactions des autres.

On n'a qu'une seule vie. Et je veux la vivre pleinement

Et récemment, j'ai subi le revers de ma médaille, et j'ai compris que mentir ça fait extrêmement mal à celui qui reçoit le mensonge.

À mon avis, c'est triste à dire, mais j'ai dû passer par cette étape pour avoir un déclic.

Car depuis quelque temps, je peux le dire avec fierté : je mens de moins en moins.

Ou sinon vraiment pour des petites choses insignifiantes.

C'est déjà une avancée énorme qui a été réalisée.

Néanmoins, je dois persévérer.

Je choisis d'être heureux et reconnaissant aujourd'hui

7

Je deviens propriétaire

De retour chez mes parents à l'âge de 25 ans.

J'ai tout mis en œuvre pour retrouver rapidement un emploi.

Et j'ai fait de mon premier rêve une réalité : **travailler à la défense.**

Mon appartement

Après six mois passés chez mes parents, j'ai trouvé un travail qui me convenait.

Et grâce à celui-ci, j'ai pu m'acheter mon premier appartement.

Le premier achat, ça fait toujours peur. Mais cela s'est extrêmement bien passé.

J'étais si fier de mon appartement. Je l'ai décoré avec goût. Il était beau.

Je me sentais bien dans ma peau.

Et en plus, j'ai commencé le sport.

Mon corps se raffermissait, je commençais enfin à l'adorer.

C'était agréable de me regarder dans le miroir.

J'avais la possibilité de manger ce que je voulais sans prendre de poids.

Quand tout allait mal dans ma tête, j'avais trouvé une issue.

J'étais devenu accro au sport. Je faisais du sport tous les soirs après le travail. J'aimais ça, même si je devais conduire 20 à 30 minutes pour rentrer chez moi.

Le soir, je me couchais et j'étais heureuse.

À cette époque, j'ai même fait mon deuxième rêve : **partir en Afrique du Sud et faire un safari.**

Je suis extrêmement fier d'avoir fait ce voyage en solitaire.

J'ai d'abord eu peur. J'ai voulu faire marche arrière, mais non. J'ai pris l'avion et j'ai adoré.

C'est l'un des voyages les plus magnifiques que j'ai fait jusqu'à présent.

Voir les animaux dans la savane en liberté : les éléphants, les Girafes, les rhinocéros...

Tout se passait bien dans ma vie

Néanmoins, cela n'a pas duré.

Je choisis d'être fier de moi

8

Une histoire d'amour qui fait mal

J'ai vécu seul dans cet appartement pendant deux ans.

Tout se passait bien. Je m'entendais bien avec mes voisins.

Niveau financier, j'arrivais à finir les fins de mois correctement.

Et puis, je suis sorti avec quelqu'un.

Il a toujours été spécial, le contraire des hommes que j'aimais.

Vous allez me dire mais pourquoi tu es sorti avec lui ?

Parce que je ne voulais plus rester seule, j'étais heureuse de plaire à quelqu'un.

Je suis sortie avec lui pendant 2 ans et j'ai malheureusement tout laissé tomber : le sport, les amis, je me suis retrouvée toute seule.

On ne doit pas abandonner ses amis et ses activités pour un homme.

Parce que tu risques de tout perdre, comme ce qui m'est arrivé.

Je ne voulais pas rentrer chez moi, car je savais qu'il serait là.

Je ne comprends pas pourquoi je n'ai pas tout arrêté dès le début.

Je savais pertinemment que je n'étais pas heureuse avec lui.

Il était tout le contraire de moi.

Il a profité de ma faiblesse et de ma gentillesse.

Tout le monde me disait qu'il était paresseux.

Malgré tout, j'ai gardé mes œillères et je n'ai rien écouté.

En plus, il était au chômage. Il ne faisait rien de la journée, même pas à manger.

À l'âge de 31 ans, j'étais en couple avec un homme que je ne supportais pas.

Et lui, il avait la belle vie. Je lui payais des voyages, car je ne voulais pas y aller toute seule.

Je payais tout, même les restaurants. Le coup du "j'ai oublié ma carte", j'ai connu.

En plus de cela, j'ai commencé à boire de la bière chaque soir.

Je ne me sentais pas bien.

J'ai souffert d'une dépression et j'ai été suivi par un psychiatre.

Mais malheureusement, j'ai arrêté mes séances car je pensais que j'étais guéri, mais je saurai plus tard que non.

Cette histoire d'amour m'a profondément affecté.

Il m'a fallu un moment pour lui dire au revoir.

Donc, je lui ai dit de partir, mais ça n'a pas été aussi simple.

Bonjour le monde, je suis ici et je suis heureux et je partagerai ce bonheur avec tous ceux que je rencontrerai

9

Ma seule option

Vous allez penser que c'était terminé…

Mais absolument pas.

Il est retourné chez ses parents, sauf qu'ils habitaient dans la même ville que moi.

Chaque fois que je rentrais du travail, il était toujours sur le pas de ma porte.

C'était tellement épuisant de l'éviter à chaque fois.

Vous allez dire : « bah tu t'en fiches, tu fais ta vie et lui la sienne. Un jour, il va t'oublier »

Mais avant, j'étais faible.

Je n'avais qu'une seule possibilité : louer mon appartement.

J'ai donc trouvé une locataire assez rapidement, mais bon, j'aurais également dû y réfléchir avant de la choisir.

Vous découvrirez la raison plus tard.

Le choix de mon locataire correspond à la vie que je me suis fixée suite à cette rupture.

Car pour moi, les hommes étaient à ce moment-là que des égoïstes, qui ne pensaient qu'à eux.

J'ai donc opté pour une mère célibataire.

Pourquoi ?

Étant toute seule et ne faisant plus confiance aux hommes, j'ai décidé d'avoir un bébé toute seule.

Et j'ai pensé que je vais devenir comme elle, seule avec un enfant.

J'aurais souhaité rencontrer un propriétaire qui serait disposé à me louer son appartement.

Tout était en ordre. Je suis donc retourné chez mes parents.

2ème renouveau : j'ai dû recommencer ma vie une seconde fois.

Je suis reconnaissante pour chaque jour où je me réveille

Comme vous avez pu comprendre dans mon précédent chapitre, j'étais prête à avoir des enfants par mes propres moyens.

Comme la France à cette période, n'acceptait pas qu'une femme célibataire fasse un enfant seul.

Je suis donc parti en Espagne faire une insémination.

Je n'avais pas absolument pas peur, j'étais prête. À cette période, je ne voulais plus d'homme. Je les haïssaient.

À cause de mes mésaventures avec les hommes, je préférais vivre seule.

Les hommes ne m'inspiraient aucune confiance.

Étant donné que je voulais des enfants, je ne voulais plus attendre, je les voulais tout de suite.

Je comprendrai plus tard pourquoi j'ai autant voulu ces enfants.

En plus, pour moi, dans ma tête, si j'attendais trop longtemps pour faire des enfants, cela allait être trop tard.

Il y avait tellement de gens qui avaient des enfants autour de moi, et pas moi...

C'est ainsi que je suis parti à Madrid et ma mère m'a accompagné.

J'ai accompli toutes les étapes nécessaires pour l'insémination.

Je suis allé jusqu'au bout, mais cela n'a pas marché.

Cependant, je suis convaincu que je le savais déjà.

Dans mon esprit, je rêvais d'avoir une famille avec une maman et un papa.

Je rêvais d'avoir la famille heureuse, soudée qu'on voit dans les films ou dans les réseaux sociaux.

Mais vous verrez plus tard que ce n'est pas ça que j'ai eu au final.

N'aie pas peur d'avancer lentement.

Aie peur de rester immobile

10

Une rencontre qui changera ma vie pour toujours

Je l'ai connu à mon premier boulot. Dès qu'il est arrivé dans mon service, je l'ai tout de suite apprécié.

C'était extrêmement simple avec lui. On avait l'habitude de rire.

Nous nous amusions énormément ensemble. On mangeait souvent que tous les deux le midi.

C'était simple, pas de complications entre nous.

Il était avec quelqu'un. Je l'ai vu devenir deux fois papa.

Je ne penserai pas du tout à ce qui allait m'arriver plus tard.

Lorsque j'ai quitté mon poste, c'était le seul avec qui j'ai toujours eu des relations.

Nous nous rendions au cinéma ou au restaurant...

Je savais qu'il était amoureux de moi depuis qu'il avait quitté sa femme.

Je ne voulais pas sortir avec lui, car je l'aimais bien et je ne voulais pas compromettre une bonne amitié.

De plus, comme il avait déjà 2 filles, je ne voulais pas jouer le rôle de belle-mère.

Néanmoins, le destin en a décidé autrement.

Le 04/08/2018, nous avions fait Disney Village ensemble. Je me sentais bien.

J'ai adoré ma journée. J'avais hâte de le voir à nouveau.

Comme je le connaissais, je n'avais pas à faire semblant.

Je n'avais pas peur. Je me sentais bien avec lui. J'avais le sourire. On faisait des blagues, on rigolait bien ensemble.

Je le trouvais vraiment charmant.

Même si ce n'était pas du tout mon type d'homme, car j'aimais les hommes grands, bien bâtis, c'était tout le contraire.

Dès le début, je lui ai fait part de mon désir d'avoir des enfants rapidement.

Parce que je me sentais déjà trop vieille, je l'avais prévenu dès le début, mais il ne m'a pas tout de suite dit : "Dans 2 ou 3 ans..."

Nous vivons d'excellents moments.

C'était difficile de se voir car nous étions chez nos parents respectifs, mais à deux heures de route.

On ne se voyait que le week-end.

Je crois en moi et en mes capacités

11

Ma grossesse

L'annonce de ma grossesse n'a pas été celle que je voulais...

Car on l'a faite séparément.

Lui de son côté et moi de même.

Pourquoi ? parce qu'on était conscient que c'était trop tôt, qu'on avait honte.

Et l'annonce que c'étaient des jumeaux a été glorieuse pour le père de mes enfants. Quand il est venu pour la 1ère échographie et qu'il a vu qu'il en avait deux. Le monde était sur le point de s'écrouler.

Moi ? C'est marrant, depuis toute petite, je disais que je voulais des jumeaux et que j'allais les appeler 1 et 2. Je crois que le destin m'a permis de concrétiser un autre rêve : **avoir des jumeaux**.

Même si cela sera difficile plus tard.

Mais c'est grâce à eux que, dans le futur, ils vont me sauver de moi-même.

Moi, honnêtement, je n'y croyais pas du tout, être enceinte. Au départ, on ne distinguait rien du tout.

J'avais toujours le ventre plat, jusqu'au jour où je l'ai dit à mon chef et collègue. Là, le ventre a explosé.

Les 9 mois, on passait hyper vite.

Il a été nécessaire de trouver rapidement un logement pour vivre ensemble.

Étant donné que nous vivions toujours avec nos parents respectifs.

Nous n'avons jamais vraiment partagé de moments en dehors des week-ends et des vacances.

Nous avons déniché un appartement très beau.

Tout se passait sans problème.

Ma grossesse a été incroyable, j'ai eu quelques nausées... mais ce n'était pas grave du tout.

Cependant, j'ai pris 25 kilos pendant ma grossesse.

J'ai eu beaucoup de mal à voir le poids augmenter au fur et à mesure.

Malgré tout, j'ai réussi car je pensais à mes enfants.

Et je me disais : "Je les perdrais facilement."

Ce qui m'a manqué durant cette période, ce sont les séances photo. J'aurais aimé en faire, mais je n'osais pas, je ne me trouvais pas belle.

J'étais heureuse quand j'avais le ventre qui bougeait. C'était magnifique.

Je n'oublierai jamais ces 9 mois.

Pourtant, je me sentais seule. Il ne s'impliquait pas.

Il touchait rarement mon ventre. Il ne me prenait jamais en photo. J'ai très peu de photos de moi enceinte.

Je pensais que ça se passerait à leur arrivée.

Je gère la colère de manière saine

12

Une mésaventure de plus

La location de mon appartement n'a pas été à la hauteur de mes attentes.

Je m'imaginais pouvoir le garder le plus longtemps possible.

Mais cette femme a décidé d'arrêter de me payer le loyer.

Au début, j'ai vraiment été très gentille. Trop gentille. J'allais la voir directement. Elle me donnait un chèque, qui bien sûr était en bois.

Je n'ai pas lancé la procédure d'expulsion tout de suite, car j'étais de bonne foi. Je pensais vraiment qu'elle était en galère.

Alors, pendant 6 mois, j'ai fait les allers-retours entre mon domicile et le sien.

Et le jour où j'ai vu qu'elle avait changé de voiture, je me suis dit : "Ok, je suis une pigeonne..." J'ai immédiatement lancé la procédure.

Comme vous le savez, la procédure est très longue. Cela a duré 3 ans.

J'ai traversé une période de difficultés financières et administratives pendant 3 ans.

Cela a été très dur car bien sûr, on pense toujours au locataire, mais pas une seule fois, on pense au proprio, qui doit régler le prêt immobilier pendant ce laps de temps.

Jamais de ma vie, je penserai à ne pas payer mon loyer.

On a un toit pour vivre. Pour moi, c'est normal de payer quelque chose pour entretenir les lieux. La vie n'est pas gratuite.

J'ai eu de la chance, elle n'a pas causé de dégâts au lieu.

Ainsi, au bout de 3 ans, j'ai repris les clés, mais j'ai fait la bêtise de le revendre, car pour moi, cet appartement était signe de mauvais présage.

alors que pas du tout...

Si je l'avais gardé, il m'aurait évité de nombreuses difficultés à l'avenir...

J'ai le pouvoir de changer mes pensées

13

Acquisition de notre 1ere maison

Malgré mes difficultés financières, j'ai quand même réussi à faire l'acquisition d'un autre bien.

Je ne m'attendais pas à ce que la banque accepte.

Pourtant, l'univers était là pour moi.

Trois mois avant mon accouchement, nous avons fait l'acquisition d'une belle maison le 28/07/2019.

Vraiment, l'année 2019 a été incroyable pour moi. Au début de l'année, j'ai découvert que j'étais enceinte.

On a vécu 6 mois dans un appartement pour cohabiter pour la première fois, puis on a acheté ensemble.

Je n'oublierai jamais cette année.

J'étais enfin à l'endroit où je voulais aller : une famille réunie dans une belle maison.

Seul inconvénient : j'étais loin des transports publics, c'est-à-dire loin de mon travail.

Néanmoins, les prix étaient plus élevés si je me rapprochais.

Le village où nous habitions était vraiment agréable, car je n'aime pas trop les grandes villes, je préfère être à la campagne.

Le jour de l'accouchement était sur le point d'arriver.

Il était primordial pour moi que tout soit prêt avant l'arrivée des enfants.

Pendant que j'étais enceinte de 7-8 mois, j'étais assise sur le sol en train de repeindre la chambre de ses filles.

C'était magnifique, j'étais fière de moi.

En plus, elles étaient comblées de bonheur.

Ensuite, j'ai fait la chambre de mes enfants. J'ai eu beaucoup de mal, mais je n'ai pas arrêté. J'ai poursuivi...

Le résultat était à la hauteur de mes attentes.

Involontairement, j'ai pensé qu'on ne serait pas les parents parfaits, mais au moins ils auraient un joli cocon.

Nous voulions aller trop vite. Nous avions pour objectif de terminer les travaux le plus rapidement possible.

Néanmoins, nos économies diminuaient de plus en plus...

Pourtant, nous étions fiers de ce que nous avons accompli.

Je ne changerais cela pour rien au monde.

J'aime mon corps

14

L'arrivée des bébés

C'est le 16/09/2019 que mes enfants ont vu le jour.

Mon accouchement s'est déroulé sans encombre.

Je suis resté cinq jours à la maternité.

Le séjour à la maternité a été assez éprouvant pour moi.

Car j'étais très souvent seule, je n'avais pas beaucoup de visites.

Les premiers jours, j'étais perdue. Je devais tout faire toute seule.

Étant donné que c'était mes premiers, je me sentais stressé.

Les enfants étaient incroyablement amusants pendant la journée, mais dès que la nuit tombait, ils hurlaient sans arrêt.

Malgré tous mes efforts, ils ne s'arrêtaient jamais.

Je me sentais épuisé.

Je dois admettre que j'avais honte de moi, mais les 3 premières nuits, je les ai laissés à la nurserie.

Car il fallait que je me repose, car je devais gérer la journée et la nuit.

Et déjà, suite à un accouchement, on est épuisé mentalement et psychiquement.

Et la chute des hormones, le retour de couches, ça a été dur. Je pleurais souvent la nuit.

Cela a été éprouvant, mais cela m'a montré dès le début de leur vie que je devrais m'occuper d'eux seule.

Il est normal de faire des erreurs et de ne pas tout savoir

15

Retour à la maison à 4

J'étais vraiment pressé de rentrer à la maison.

Même si je stressais beaucoup car à la maternité, j'étais entourée de personnel, là, j'étais seule au monde.

Au début, c'était moi qui m'occupais des enfants le jour et la nuit.

Je ne voulais pas le déranger. Vu qu'il allait reprendre le travail rapidement

Mais la nuit, je ne dormais pas. J'en posais un et l'autre se réveillait.

J'ai du lui demander de l'aide.

Au bout de 3 mois, ils ont fait leur 1ere nuit (de 17h30 à 5h30 – 6h).

Je n'oublierai jamais leur première nuit entière.

C'était chez mes parents.

Je me réveillais sans arrêt pour m'assurer que tout allait bien.

En journée, ils étaient assez cool, on pouvait aller se promener dehors mais dès que la nuit tombée, ils avaient de nombreuses terreurs nocturnes, c'était difficile pour moi, je ne savais plus quoi faire.

Car ils hurlaient à s'en étouffer. J'avais mal pour eux.

J'étais épuisé. Je pensais parfois devenir folle.

Parfois, il rentrait de son travail et je pleurais.

Sinon, ils étaient merveilleux. Je passais mes journées à les prendre en photo.

Je peux vous dire que c'était difficile à gérer en solitaire.

Oui, parfois, le ménage n'était pas fait, la vaisselle n'était pas nettoyée...

Mais pour rien au monde, je ne reviendrais en arrière. C'est ce qui m'est arrivé de mieux.

Je me sens motivé et j'avance dans la direction de mes rêves

16

Ma vie après la grossesse

Lorsque je me regardais dans le miroir, je me sentais atroce, horrible, répugnante.

Je me détestais.

J'avais pris 2 tailles de pantalon…

Rien n'allait.

J'ai arrêté de prendre soin de moi.

Je n'avais plus aucune confiance en moi. Je m'occupais de mes enfants, et c'est tout.

En ce qui concerne le couple, c'était la catastrophe totale.

J'étais tout le temps fatigué. Mes enfants étaient sans arrêt avec moi, et jamais avec leur père.

Je n'avais pas une minute pour moi.

En règle générale, même en tant que parents, il est essentiel de maintenir notre couple.

J'étais d'accord sur ce point, mais ça ne lui venait jamais à l'idée de dire de garder les enfants chez ses parents pour qu'on puisse souffler... programmer une sortie.

C'était toujours moi qui prenais l'initiative, mais à force de tout faire, j'ai fini par abandonner.

Mais lui, rien à part des vacances en Corse qui s'avéreront atroces...

J'aurais adoré avoir un homme qui me dise : "Prépare-toi ce soir, on sort." Ou bien, je t'ai réservé des vacances, le rêve.

Ou je garde les enfants et va te faire une séance de sport mais non… ou sinon si je partais trop longtemps, je sentais à son regard que ça l'avait soulé de garder les enfants.

Même s'il affirme que ce n'est pas le cas, un simple regard en dit long.

Alors, j'ai continué de tomber dans l'ombre, de m'occuper seulement de mes enfants et de me laisser disparaître.

Se transformer en esclave de sa propre vie.

J'ai de la compassion pour les autres et pour moi-même

17

Le confinement

J'ai repris le travail le 1er jour du COVID.

Est-ce que j'ai eu la chance ou la malchance de reprendre le travail en télétravail?.. Tel est la question.

Après 8 mois d'arrêt maternité, je devais me rappeler de toutes les choses à faire à distance, et surtout avec mes enfants avec moi.

C'était éprouvant. J'étais épuisé mentalement et physiquement, je n'en pouvais plus.

Je n'avais pas une seconde de libre, je n'avais plus de vie.

Je pense que c'est à partir de cette période que j'ai commencé à faire une dépression, car je n'arrêtais pas de pleurer.

Néanmoins, je n'ai rien dit, car j'avais honte.

Je l'ai enterrée en moi, pensant qu'elle allait partir d'elle-même.

Cela a été dur, mais après, quand j'y pense, j'ai eu la chance de voir mes enfants grandir...

Je les vis marcher pour la 1ère fois, faire du 4 pattes, tout ce qu'ils auraient fait chez la nounou s'il n'y avait pas eu de Covid.

Après ce confinement, j'ai réalisé que je ne voulais plus poursuivre ma carrière en tant que comptable.

Alors pendant ce confinement, je faisais mon métier de comptable, mon métier de maman et de femme et en plus, j'ai décidé de faire une formation en tant de désigner d'intérieur.

J'ai adoré cette formation et j'ai compris que je voulais me lancer dans cette aventure.

Cependant, jusqu'à présent, je n'ai pas encore eu l'audace de faire des recherches pour trouver des clients.

Pourquoi ? Car je n'ai pas confiance en moi. J'ai peur de l'échec, de ne pas trouver de clientèle.

Je suis rempli d'une énergie incroyable

18

Retour à la case départ

Pendant le confinement, mon compagnon commençait à en avoir ras-le-bol de son supérieur hiérarchique.

Il était sous pression, et comme moi, je suis passé par là. Je comprenais tout à fait ce qu'il ressentait.

Alors, je l'ai insisté pour qu'il quitte son emploi.

À partir de ce moment-là, tout a été complètement différent.

Il restait chez-nous.

Pour moi, c'est bête, mais je pensais qu'il allait être sans emploi et qu'il allait m'aider, mais en fait, c'était tout le contraire...

C'était à moi de conduire les enfants à la garderie pendant qu'il ne travaillait pas.

Le soir, c'est moi aussi qui devait courir chercher les enfants.

Je faisais tout, et en même temps, j'avais quelqu'un chez moi qui restait devant la télé 24 heures sur 24.

C'était difficile et surtout agaçant.

J'ai tenté de le motiver à faire quelque chose. Car pour moi, ne pas travailler depuis 6 à 1 an, c'est incompréhensible.

Ainsi, je l'ai forcé à suivre une formation pour devenir conseiller immobilier.

Mais sans succès.

Ensuite, son meilleur ami, nous a invité à aller chez lui en vacances en Corse.

Et là c'était le début de la débandade.

Nous avons décidé d'y aller pour les 2 ans de nos jumeaux.

Et je pense que ça a été les pires vacances…

Il a passé toutes les vacances chez son meilleur ami.

Quand j'allais les voir, ça se voyait sur son visage, que ça le soulait qu'on soit là.

J'allais faire des promenades sans lui, comme une maman solo.

Pour leur 2 ans, je pensais qu'on allait faire quelque chose.

On n'a rien fait, il a préféré aller voir son pote.. On s'est disputés.

C'est là qu'il me confesse qu'ils ne les voulaient pas et que j'ai ruiné sa vie.

J'étais perdu, je ne comprenais pas pourquoi, il ne s'était pas remis en cause avant.

Pourquoi attendre leur 2 ans.

Je ne comprendrais jamais..

Ainsi, nous sommes rentrés sur le continent et avons mis en vente notre maison.

Et tout s'est déroulé rapidement.

C'est ainsi que j'ai quitté notre domicile le 18/02/2022.

Je suis retourné chez mes parents après avoir vu mes enfants grandir et marcher à quatre pattes dans cette maison.

J'aurai toujours de bons souvenirs de cette maison.

Leur premier Noël, où ils craignaient les lumières sur le sapin.

Leur 1er repas,

Leur 1ere fois devant la neige

Leur 1er fois dans une piscine

Leur 1ere chute

Leur 1ere fois en tricycle

La 1ere coupe de cheveux

Leur 1er mot

Et surtout leur 1er pas à 13 mois

Alors, il n'y a pas eu que des bons moments.

Il y a eu une fois aussi où ma belle-mère m'a insulté en venant chez moi sans prévenir.

Parce que je n'ai pas dit bonjour tout de suite (j'étais à l'étage) cela en face de mon compagnon, qui n'a rien dit.

Comment l'auriez-vous pris?

Très mal, j'imagine.

Et oui, j'ai pensé. Il a laissé faire. Je n'ai vraiment aucune importance pour lui.

Je le sentais déjà qu'on n'avait pas d'importance pour lui, et je le verrais plus tard.

Je sais que je ne suis pas la mère parfaite. Je crie sur mes enfants, je fais du chantage.

Néanmoins, j'ai toujours eu le désir de faire toutes sortes de choses avec mes enfants.

Nous avons vu la mer, les montagnes, la neige, la piscine, Disney...

J'ai toujours eu le désir de les rendre heureux.

J'espère qu'un jour, ils réaliseront tout ce que j'ai fait pour eux.

Car j'ai préféré sortir d'une relation désastreuse pour mon bien-être et le leur.

Ainsi, si vous avez bien suivi, je retourne une 3ème fois chez mes parents. Retour à la case départ.

Je m'engage à être et à rester confiant

19

Le retour chez mes parents

Retourner chez ses parents, c'est déjà un coup dur, mais avec 2 enfants de bas âge, c'était vraiment compliqué.

Et, la cohabitation avec mes enfants et ma mère était très difficile.

Combien de fois, j'ai pu entendre que j'étais une mauvaise mère.

Ça m'a anéanti, car je pensais que c'était vrai.

Je sais qu'ils nous ont accueillis pour nous aider même s'ils ne le voulaient pas.

Je leur remercierai jamais assez car on saurait à la rue sinon.

Je ferai la même chose pour mes enfants mais je ne leur dirai jamais sans arrêt ce que j'ai fait pour eux.

Car ils auront toujours l'impression d'avoir un service à rendre pour l'éternité alors que c'est ça le rôle d'un parent.

De protéger ces enfants.

J'ai voulu que mes enfants oublient cette période, alors j'ai fait plein d'activités avec eux.

Ils ont appris à pédaler, devenir propres.

Ils ont assisté à leur tout premier feu d'artifice et ont fait leur tout premier tour de poney.

J'en ai aussi profité pour partir deux fois en vacances seule avec eux.

J'avais une grande appréhension à l'idée d'en être incapable.

J'avais l'intention d'annuler à la dernière minute.

Malgré tout, j'ai fait preuve de courage et nous sommes partis.

Les fins de journées étaient difficiles car j'étais épuisé, à courir partout.

J'aurais souhaité avoir quelqu'un pour prendre le relais.

Mais, il n'y avait personne...

Je peux être ce que je veux

20

Le retour du père

Pendant six mois, je recevais des messages de leur père, me disant, qu'il était triste de nous avoir abandonné.

Honnêtement, je l'adorais de tout mon être, mais je lui reprochais de nous avoir abandonnés.

Il ne s'est jamais déplacé pour voir ses enfants, jamais pendant 6 mois.

Et surtout, sans dire quoi que ce soit, il est parti à 1500 km de nous, chez son meilleur ami en Corse.

Il s'amusait pendant que je souffrais.

Avec les enfants, c'était compliqué, car ils n'arrêtaient pas de me demander « il est où papa?» et je leur disais « il est allé en Corse ».

Chaque fois qu'ils apercevaient un avion, ils disaient que c'était papa.

Le caractère de mon fils a beaucoup changé. Il est devenu plus agressif.

Je crois qu'il cherchait à se venger, que la situation lui déplaisait.

Et je le comprends, car moi aussi j'aurais rêvé avoir une famille unie, avec un papa et une maman. Comme toutes les familles ordinaires.

Concernant notre vie de famille, je n'ai pas lâché et j'ai pu m'installer seule avec mes 2 amours le 29/07/2022.

Ce livre aurait pu se terminer là, mais malheureusement, d'autres péripéties vont se produire.

Je m'efforce de profiter de la vie et je trouve le bonheur partout où je regarde

21

Vouloir une vraie vie de famille

J'ai décidé de pardonner au père de mes enfants.

Pourquoi ?

Parce que je l'aimais.

Je n'arrivais pas à l'oublier.

Je souhaitais le bonheur de mes enfants.

Peut-être que je ne voulais pas rester seule et comme lui, avait accepté mes défauts.

Je lui ai donné une chance parce que je pensais qu'on aurait finalement la vie de famille qu'on devrait avoir.

Il est revenu une semaine après que j'aie emménagé.

C'était très agréable de le revoir.

Direct, je ne voulais plus de mensonges, je lui ai dit que j'avais couché avec quelqu'un.

Il ne l'a pas accepté.

En ce qui me concerne, je ne pensais pas que c'était un problème.

Il m'avait abandonné, pour aller s'amuser en Corse.

Alors, pourquoi n'avais-je pas le droit de m'amuser aussi?

Mais il faisait des efforts. Nous sortions enfin en famille.

Je pensais vraiment qu'il avait changé.

Il allait être le père idéal pour mes enfants.

Moi aussi, j'avais beaucoup changé.

Une vraie femme au foyer.

Mais il ne travaillait pas.

Il avait un projet : travailler en Corse, car soi-disant, son meilleur pote allait lui trouver un job super.

Comme ça, on pourrait avoir une belle ville sur l'île.

On pourrait se permettre d'acheter la maison de nos rêves...

J'y ai cru.

On se sentait bien.

Je suis une personne naturellement heureuse

22

Déménagement

Nous avons pris la décision de déménager en Février 2023 afin de vivre en Corse.

J'ai réussi à maintenir mon emploi actuel.

J'avais prévu de travailler à distance et de revenir sur le continent de temps en temps.

Je ne remercierai jamais assez mon chef.

J'ai été contraint de vendre tous mes meubles de mon logement actuel.

Et expédier par Mondial Relay, tout ce que nous désirions.

J'ai informé mes parents à la dernière minute de notre départ.

Pourquoi ?

Je savais qu'ils seraient malheureux.

Mon père m'a dit : 'Fais un essai et tu verras'.

C'est en entendant cette phrase que j'ai eu le courage de partir.

Parce que j'étais effrayé.

La peur de l'inconnu, la peur de commettre une énorme bêtise.

Mais je me disais : mes enfants seront heureux de vivre sur une île, avec des paysages fantastiques.

C'est ainsi que nous partons le 18 Février 2023

Coïncidence ?

C'est le jour où j'ai déménagé de notre première maison.

Mes rêves valent
la peine qu'on se
batte pour eux

23

Ma vie en Corse

Les six mois que j'ai passés en Corse se résument à cela :

On le voyait à peine.

Il était toujours en compagnie de son meilleur ami.

Je me retrouvais toujours seule à tout gérer.

Je me rendais compte que j'avais vraiment fait une énorme erreur.

Je m'en voulais d'avoir tout quitté pour lui.

Heureusement, l'île était riche en découvertes.

Tout était magnifique, le paysage, la mer, le soleil. Des cascades, des belles randonnées, de belles plages.

Nous avons même aperçu des dauphins.

Les gens du village sont adorables.

Je me sentais bien ici.

J'essayais t'occuper les enfants du mieux que j'ai pu.

Seule, sans aide.

Mais ça n'a pas fait long feu.

En juin, j'ai appris beaucoup de choses néfastes sur le père de mes enfants.

J'ai compris qu'on n'était pas aussi important dans sa vie.

Je ne pouvais pas rester avec lui suite à ça.

Ainsi, en 10 jours, j'ai dû organiser mon retour chez mes parents.

Mon déménagement, les cartons, le changement d'école…

Cela a été très rude, je suis revenu chez mes parents sans rien.

Plus de vêtement, quelques jouets pour les enfants, plus de meubles, plus de logement…

J'étais au plus bas..

Ainsi, je retourne une 4e fois chez mes parents, en espérant que cela soit la dernière.

Je m'améliore sans cesse

24

Nouvelle vie

Comme vous pouvez le voir, j'ai eu une vie très mouvementée, pas très joyeuse.

Je n'ai pas tout mentionné non plus, les épisodes de suicide, les rencontres avec des pervers narcissiques...

Autrement, ce livre aurait fait 1000 pages.

Je voulais surtout vous montrer que je n'ai pas eu une vie facile.

J'ai dû me retrouver seule pour comprendre qu'on a qu'une seule vie et qu'on ne doit pas la gaspiller avec des regrets.

Que « oui », ça fait peur de tout recommencer de zéro.

Mais le début est dur, mais après vous verrez que c'est tellement mieux que d'être dans une relation toxique.

On est en Septembre 2024, et je peux le dire, je vais pourquoi mieux.

Mais je suis passé par des stades pas cools.

La dernière épreuve m'a mis plus bas que terre, mais à mon avis, c'était une leçon de vie.

On fait tous des faux pas dans la vie. Mais l'important c'est de vite se relever.

Quand on est descendu plus bas que terre on ne peut faire qu'une seule chose c'est de la remonter....

Le monde nous a offert une deuxième chance, nous devons en tirer le meilleur parti.

J'espère que ce livre vous aura montré que vous n'êtes pas seul.

On a tous le droit au bonheur.

Pour ma part, je sais que j'ai beaucoup à faire pour être heureuse.

Mais je vais y arriver.

On es tous sur le même bateau…

FIN